Asha Miró

Rangolis mágicos

Para conectar-se com a Terra

V&R
EDITORAS

Asha Miró

Nasceu perto de Nashik, na Índia, em 1967. Aos 7 anos, foi adotada e se mudou para Barcelona (Espanha), onde vive até hoje.

Seu interesse por temas como cooperação, solidariedade e adoção internacional levaram-na a fazer trabalhos sociais como voluntária, a organizar atos públicos, conferências e cursos de formação.

Além disso, fundou a ONG Las dos caras de la luna, cujo principal objetivo é promover e reforçar o papel desempenhado pela mulher na sociedade, tanto na Espanha quanto na Índia, e, restabelecer seu verdadeiro poder e fortalecer sua dignidade.

Com a publicação de seu primeiro livro, La hija del Ganges, Asha se tornou referência na difusão de valores como o respeito pela interculturalidade e a diversidade social. Com sua experiência, busca conscientizar e explicar o mundo em que vivemos, onde sempre existirá a esperança e a possibilidade de um futuro melhor e mais digno.

Atualmente, coordena o departamento de comunicação na Direcció de Cooperació Internacional de l'Ajuntament de Barcelona. Publicou com a V&R Editoras Rangolis da Índia.

V&R

Título original: Rangolis de mi infancia
Ilustrações: Asha Miró

www.vreditoras.com.br

Rua Coronel Lisboa, 989
CEP 04020-041 – Vila Mariana – São Paulo – SP
Tel./Fax: (55 11) 4612-2866
editoras@vreditoras.com.br

ISBN 978-85-7683-510-3

1ª edição, 2013 | 1ª reimpressão, 2015

Impressão e acabamento: Type Brasil
Impresso no Brasil • Printed in Brazil

Dados Internacionais de Catalogação na Publicação (CIP)
(Câmara Brasileira do Livro, SP, Brasil)

Miró, Asha
Rangolis mágicos: para conectar-se com a Terra /Asha Miró; [tradução Carolina Domladovac Silva]. – São Paulo: V&R Editoras, 2013.

Título original: Rangolis de mi infancia: para conectarse con la Tierra
ISBN 978-85-7683-510-3

1. Arte indiana 2. Arte e religião 3. Artes - Índia 4. Índia - Civilização 5. Índia - História 6. Mandala I. Título.

13-06758 CDD-291.54

Índices para catálogo sistemático:
1. Mandalas : Arte indiana : Simbolismo: Religião comparada 291.54

Construindo-nos
em harmonia com a natureza

Em nossas mãos

A ideia de escrever este livro surgiu quando tomei consciência da importância das pequenas ações. Todos nós deveríamos nos convencer de que os pequenos gestos que praticamos a cada dia podem ajudar a mudar o mundo e fazer com que a vida tome um novo rumo e sentido.

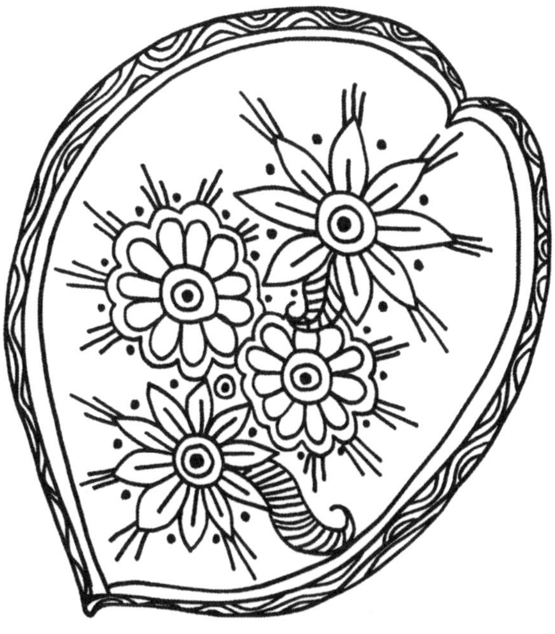

Pequenos atos se multiplicam como ondas que arrastam com força tudo o que encontram pelo caminho, gerando mudanças radicais em nós e a nossa volta.

Preocupo-me ao ver nossa Mãe Terra, a natureza, a vida, os animais e os seres humanos aparecerem diante de nossos olhos com sinais de tristeza e abandono. Temos deixado de perceber com os olhos do coração e, se continuarmos neste caminho, poderemos abandonar quase tudo.

Com este livro desejo que vocês, futuros cidadãos do mundo, aprendam a valorizar novamente o fato de que possuímos um tesouro valioso: o planeta mais belo do Universo.

A Terra é um lugar repleto de coisas inimagináveis e que guarda surpresas incríveis. Se cada um de nós for capaz de parar e observá-la, contemplaremos e descobriremos que ela é um ser vivo que precisa de todo nosso amor.

Todos nós temos que espalhar, em voz alta, a seguinte mensagem: nós, habitantes deste mundo, temos que reagir e devemos respeitar e cuidar de nosso planeta.

Podemos começar de maneira muito simples, dando-lhe amor e dizendo-lhe a cada manhã: Terra, quero você muito bem e lhe agradeço por tudo o que recebo.

Seguimos redescobrindo todos os valores e princípios universais que nela se escondem e que nos ensinam a cada novo dia, de maneira altruísta, a compartilhar, cuidar, admirar, respeitar, amar…

Devemos tratar a Terra e tudo o que nos rodeia com muito carinho, pois é assim que gostamos que os outros nos tratem.

RANGOLIS MÁGICOS / ASHA MIRÓ

Vamos fazer da Terra nossa melhor amiga!

O livro que você tem em mãos é parecido com a Mãe Terra: traz mensagens que propõem a reflexão sobre sua grandeza e importância.

Reflita enquanto estiver colorindo os rangolis. Não importa o modo, nem quanto tempo necessite para acabar. O que realmente importa é que comece a sentir a harmonia que existe entre a Terra e você.

Pintar é um prazer. É um ato que une sua alma com o Universo; mas se o fizer pensando e assimilando as pequenas mensagens, verá que seu desenho se transformará no símbolo do que é mais profundo em seu ser, seus sentimentos. É uma pequena ação e, ao mesmo tempo, um grande gesto para começar a mudar o mundo.

Aproveite e permita, por um momento, que suas mãos e suas cores tomem emprestada a alma do planeta.

ASHA MIRÓ

Pequena história dos rangolis

Os rangolis são uma das mais antigas e belas manifestações de arte popular da Índia e sua origem remonta à mitologia hindu.

A palavra "rangoli" deriva da raiz sânscrita rang e aavalli, que significam cor e filas ou trepadeiras. São originários de uma região da Índia chamada Maharastra.

O rangoli é a arte de desenhar ou criar padrões para a decoração de paredes ou do piso de casas. Utiliza-se pó branco, finamente moído, para delimitar os padrões (como um contorno), e pós de diversas cores para preencher os espaços internos.

Origem do rangoli

Existem muitas versões sobre a origem dos rangolis. A primeira foi encontrada em uma inscrição gravada no Chitra Lakshana (primeiro tratado sobre pintura indiana). Diz a lenda que o sumo sacerdote do reino caiu em um profundo sofrimento e desespero após a morte de seu filho. O povo, comovido, orou a Brahma, deus criador do Universo, rogando-lhe que devolvesse a vida à criança. Tocado pelas orações, Brahma pediu ao rei que uma mulher pintasse no chão um retrato do menino. Depois, Brahma soprou o desenho e fez a criança ressuscitar.

Outra lenda narra que, um dia, Deus, em um de seus períodos de criação artística, extraiu o sumo de uma mangueira e o usou como tinta para desenhar uma bela mulher. O retrato ficou tão maravilhoso que provocou inveja e vergonha entre as donzelas celestiais. A partir desse momento, o rangoli se transformou em uma forma popular de autorretrato para mulheres.

Tradição

Na Índia, há milhares de anos, as casas são enfeitadas com esses desenhos, que funcionam como complemento às orações pelo bem-estar das famílias e pela proteção da casa contra possíveis desgraças. Também são feitos na entrada das casas como uma saudação aos hóspedes.

O objetivo, ao colorir um rangoli, é decorar o ambiente e espalhar alegria e felicidade. Os visitantes sentem o clima de bem-estar antes mesmo de entrar na casa. A arte de criar um rangoli é praticada principalmente no Dia da Independência e na festa do Diwali.

Desenho

Os desenhos e os temas dos rangolis são inspirados na natureza: trepadeiras, flores, cisnes, perus etc.; as cores eram obtidas com tinturas naturais provenientes de cascas de árvores, folhas, anil etc.

O desenho básico é criado com pó branco feito de arroz, depois preenchido com pós coloridos e decorado com outros elementos, como velas, flores e folhas. Muitas cores são obtidas acrescentando outros elementos ao pó de arroz: cúrcuma, pó de cinábrio, giz, legumes ou grãos de arroz pintados com tons brilhantes.

O processo de criação começa com linhas e pontos ou com simples estruturas geométricas, como quadrados e círculos. Assim, cria-se uma grade de pontos habilidosamente unidos por linhas no chão, que formam uma trama de retas e curvas cheias de magia. Esses pontos simbolizam os obstáculos que enfrentamos durante a vida.

Nos padrões dos rangolis, nenhuma linha deve ser interrompida, senão, o espírito do mal pode entrar. Todos os desenhos e cores de um rangoli têm um objetivo comum: manter o lugar protegido de todo mal.

Não é necessário ser artista para desenhá-los e a técnica e talento são transmitidos de uma geração à outra, de mães para filhas, de mulher para mulher.

Nós e a Terra somos um só:
somos todos importantes e cumprimos um papel no ciclo da vida.

Se observarmos atentamente a Terra
descobriremos que ela é um ser vivo, assim como nós.

Cada experiência da vida nos ensina
a ser pessoas melhores e nos faz sentir únicos e indispensáveis.

Na Terra, somos todos necessários,
do menor ao maior ser.

Nosso planeta é nossa "mãe".
Devemos aprender a amá-lo, cuidá-lo e respeitá-lo.

A Terra, a Lua e as estrelas nos mostram
que todo o Universo foi criado em perfeita harmonia.

A Terra guarda grandes ensinamentos de sabedoria e beleza.
Você só tem que estar atento e disposto a senti-los.

Se você respeita a Terra, respeita a si mesmo.

Uma atitude de amor para com a natureza
é o melhor presente que se pode dar.

Agradeço o presente que a vida me dá:
um maravilhoso cotidiano que posso viver intensamente.

Devemos aprender a dividir:
o sentido das nossas vidas está em dar e receber.

Se você cuida das plantas e dos animais,
eles cuidarão de você, todos os dias.

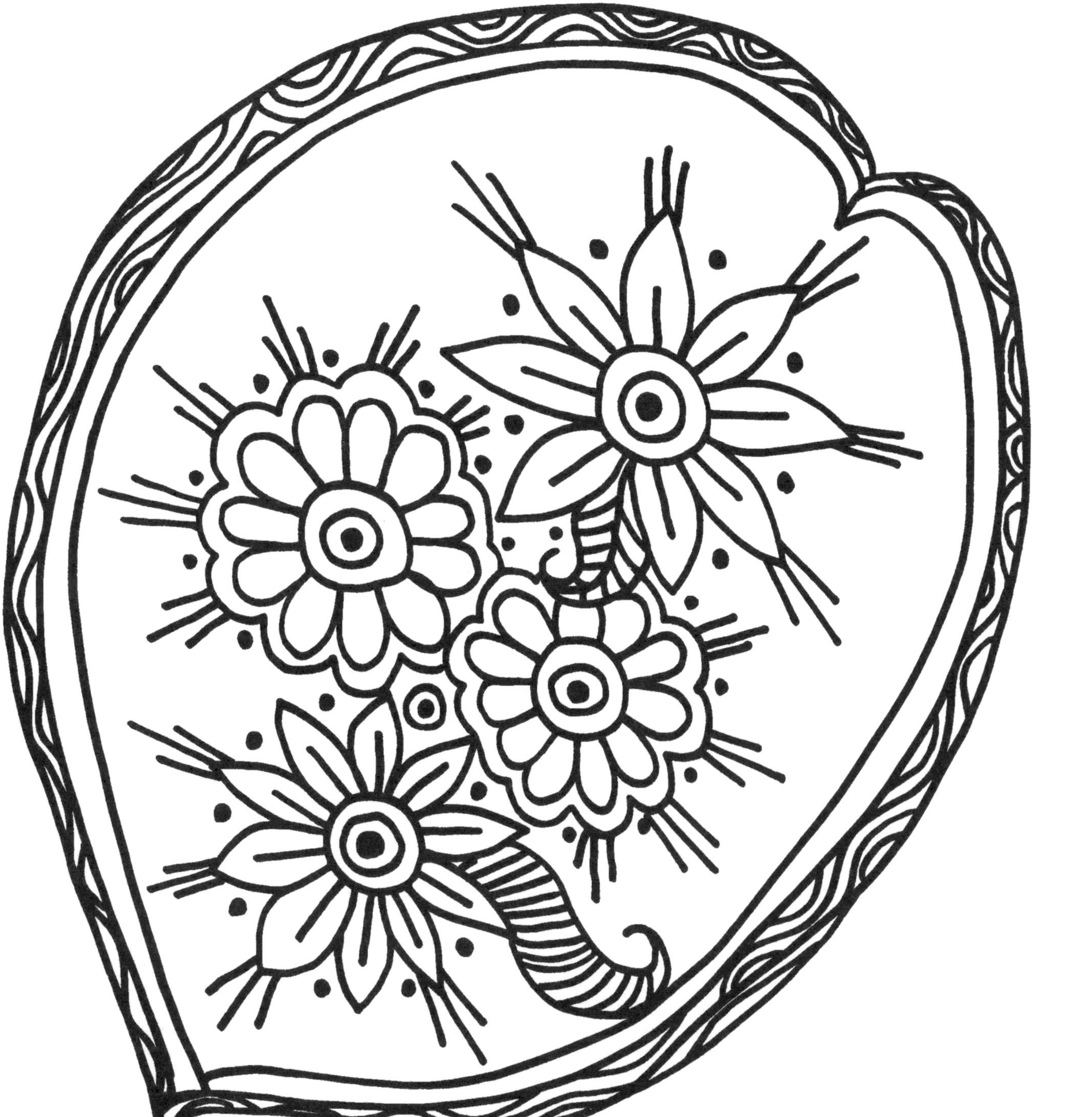

Cada semente, por menor que seja,
contém a essência do Universo.

*Tudo o que nos rodeia na natureza faz parte da gente
e nós somos parte da natureza.*

A Terra nos transmite valores
que devemos assimilar e pôr em prática.

A Terra é a mãe de tudo e de todos:
nos abraça, protege e ajuda a crescer.

Andar descalço nos faz sentir
a energia da Terra em nosso interior.

Se pensamos nos outros
e nos preocupamos com nosso ambiente,
estamos ajudando a construir um mundo melhor.

A curiosidade nos permite

descobrir as pequenas coisas que estão a nossa volta.

Existem duas Terras: a que sofre e a que é feliz.
Está em nossas mãos conseguir fazer delas uma só em harmonia.

A natureza é como sua melhor amiga.
Sempre está ao seu lado para acompanhar você
nos bons e nos maus momentos.

Quero ser um bom habitante do mundo,
por isso respeito meu hábitat natural.

A Terra nos dá todos os dias a oportunidade de recomeçar:
assim, sempre podemos melhorar o mundo que nos rodeia.

Atuemos com coerência,
esforçando-nos em "ser" e não em "ter".

Nas cores do arco-íris,
manifesta-se a perfeição da criação:
tudo é equilíbrio e beleza.

Se escutarmos atentamente a música do mundo,
ouviremos as vozes da criação.

Cada pedacinho da Terra é sagrado:
respeite-o e cuide dele com carinho.

Se deixarmos que os outros entrem em nossas vidas,
redescobriremos o melhor de nós.

Faça de sua vida um canto de amor
dedicado à natureza que está ao seu redor.

Olhar e ver o lado bom dos outros
nos ajuda a imaginar um mundo melhor.

O silêncio permite escutar-nos, tal como somos.
Somos paz e alegria.

Começar o dia com um sorriso nos lábios
é o melhor presente que podemos oferecer aos outros.

Ser um só é o objetivo de nossa vida.
Dentro de nós, temos uma alma maravilhosa
que nos guiará e nos ajudará.

As dificuldades e problemas da vida
são um jogo que nos permite aprender a crescer como pessoas.

Quero enviar uma mensagem de esperança
a todos os seres que me cercam:
juntos podemos construir um mundo melhor para todos.

SUA OPINIÃO É MUITO IMPORTANTE!

Mande um e-mail para
opiniao@vreditoras.com.br
com o título deste livro no campo "Assunto".

Conheça-nos melhor em
www.vreditoras.com.br
facebook.com/vreditorasbr